서묘연 첫시집

둥근 만남

가슴에 내리는 시 151

둥근 만남

지은이 서묘연
펴낸이 최명자

펴낸곳 책펴냄열린시
주소 (48932)부산광역시 중구 동광길 11, 203호
전화 010-4212-3648
출판등록번호 제1999-000002호
출판등록일 1991년 2월 4일

인쇄일 2025년 2월 18일
발행일 2025년 2월 20일

ⓒ서묘연, 2025. Busan Korea
값 12,000원

ISBN 979-11-989537-5-9 03810

• 저자와 협의하여 인지를 붙이지 않습니다.
• 잘 못된 책은 바꿔 드립니다.
• 이 책의 내용 중 일부 또는 전부를 저자 및 출판사의 동의없이 사용하지 못합니다.

☐ 시인의 말

노을빛 주워 담는 강물 따라
향기 맡으며 서툰 걸음을 뗍니다
소꿉동무 만나는 날
반가움 담긴 글 한 줄 아직도 설레이는데
용기 내어 펼쳐 봅니다
언덕 아래 작은 풀꽃들 이야기
귀 기울여보는 즐거움에 행복해하며
내 안에 간직한 무지갯빛 단상들 풀어내며
내 길을 응원해 주신 모든 분들께
깊이 감사 드립니다.

2025년 1월
서묘연

시인의 말…3
목차…4

제 1 부

구름 따라…11
빈집…12
꽃밭이 되다…14
도배…16
오래된 책…17
나를 검색한다…18
소꿉친구…19
작은 기쁨…20
목련꽃 향기…21
필연…22
따뜻한 이야기…23
시월 오솔길…24
동화 속으로…25
겨울나무…26
짧은 하루…27
아픈 눈물…28
나팔꽃 사유…29
지나가는 가을…30
영락공원…31
슈퍼마켓 앞…32

미소…34

제 2 부

하얀 꽃잎…37
바다와 함께…38
열려 있는 문…40
늦은 휴가…41
비 오는 날…42
풍선 탄 노래…43
간이 정거장…44
먼지를 덜어내다…45
벚꽃 지는 날…46
촛불…47
돌탑…48
옥수수…49
사라진 그림…50
파란 이야기…52
눈부신 층계…53
폭우…54
작은 물고기…55
스며들다…56
숲속의 의자…58

제 3 부

둥근 만남…61
산 그림자…62
따뜻한 뒷모습…63
가을바람 따라…64
오월이 오면…65
지하철 놓친 날…66
책갈피…68
가로등…69
봄비…70
외갓집 가는 길…71
젖은 길을 가다…72
반겨주던 우물이 그리워…73
빗물로 그린 동그라미…74
오랜 친구…75
마을버스 안 난로…76
수레바퀴…78
느린 걸음에 맞추다…79
봄빛 속으로…80
아픈 빈자리…81
돌아온 선물상자…82
진달래 바겐세일…83
가을 편지…84

제 4 부

서어나무가 되어…87
피어오르는 백합…88
가고 싶은 남강…89
얼룩을 지우다…90
새로운 시작…91
종이비행기…92
옛 동무와 함께…94
군고구마…96
돌감나무…97
그 노래에…98
별을 만나다…100
능소화 피면…102
안개…103
아침 신문…104
걸어두고 싶은 그림…105
세일하는 날…106
오래된 액자…108
햇살을 당겨 본다…109

□ 해설/ 이웃과 동행에 대한 배려-강영환…110

제 **1** 부

구름 따라

침상에 구름 한 점 누워있다
어느새 돌아 앉았다가
털고 일어나 사라진다

때로는 회색 구름으로 멈칫하다가
맑은 하늘 만나면
파란 미소로 콧노래 부른다

포개놓은 그림들
배낭에서 덜어내며
가볍게 흘러가란다
햇살 머금은 구름 한 점
하얀 몸짓으로 일러준다

비우지 못한 숨결로
바라보는 푸른 하늘
내가 만든 먼지들이
구름 한 점 따라 잠시 흩어진다

빈집

담장 아래
둘러앉은 강아지풀
대문 바라보며 할머니 기다린다

바람 한 자락
햇살이 기웃거리다 가고
고양이 놀이터 된 앞마당
아침 나절
구급차에 실려 간 할머니
국화꽃 속에 잠든다

하얀 구름 따라
가볍게 문턱을 넘고 싶다며
새벽마다 담 넘던
천수경 독경소리
들리지 않는다

가파른 고갯길 탓하지 않고
환하게 머물다간 할머니

손때 묻은 장독대 위에
석양이 고이 앉는다

꽃밭이 되다

골목 안 구석진 빈터
쓰레기가 쌓인다

'버리지 마세요
 양심을 버립니다'

고운 팻말도 서 있다

꽃보다 예쁜 손
누가 심었는지 모른다
복수초, 패랭이꽃, 튤립이
이웃하여 앉아 있다

누구도 쓰레기를 버리지 못하고
하나둘 꽃모종 늘어난다
작은 돌 낮게 둘러
따뜻한 꽃밭이 되었다

젖은 폐지에 버려진 사연도 떠나고

빈터가 환하다
눈길 주지 않던 곳
패랭이꽃과 오래 눈 맞추며 지나간다

도배

하얀 벽에
스며든 얼룩들이
도배를 한다

부딪혀 밀려나기도 하고
아픈 메아리로
돌아오기도 하던
흔들리던 벽

긴 터널 지나
햇살 한 줄기 걸어온다
오래된 얼룩들이 희미해져 가고
주말이면 초롱한 나비 한 마리 날아와
벽에 꽃그림 그리며
웃음소리를 도배한다

오래된 책

묵은 먼지 냄새 털어내며
열어보는 책 한 권
잠자던 말들 깨어난다

'있는 그대로 보면 충만하다'는
니르말라*의 책
진한 커피 향으로
밤새워 날개 달고 귀를 연다
끄덕이며 밑줄도 긋는다
목마름이 책에서 나오지 못한다

오랜 시간 눈빛 기다린 말들
먼지 냄새 맡으려 다시 만나야겠다
푸른 날 돌아보며

*니로말라-나는 없다의 작가
 영성 멘토링

나를 검색한다

기침해도 덜 아픈 듯
나는 늘 참는다
담아 둔 따뜻한 말 전하지 못해
같이 쓴 우산을 접어야 했다

빈 가슴 마주하며 다독여줄 것을
지금 이 순간을
있는 그대로 드러내지 못하는
여전히 서툰 가슴 속의 말

걸어온 발자국만큼
조금씩 두꺼워지는 얼굴
내 안을 들여다보며
한 줄 글로 드러내는
깊은 숨

소꿉친구

손 내밀면
잡아주던 소꿉친구
뒷모습 낯설다

다듬지 못한 말
창에 빗금을 긋는다
흔들린 세 발자국
셋만큼 낮추는 통점
구름 걷힌 파란 하늘 보이지 않는다

목청 높인 통화 후
차갑게 흐르는 평행선
한쪽이 반을 넘어
지난 웃음 붙든다

흔들리던 두 어깨
먼저 안부를 보낸다

작은 기쁨

지하철 출구
푸성귀 담긴 바구니
등 굽은 할머니는 떨이를 해야한다
해가 기울어도 일어서지 못한다

지나가는 이에게 부탁해 떨이를 해 주는
퇴근길 아들
가로등 흐르는 저녁 풍경
푸성귀 다듬으며 키워준 굽은 등이 보인다

먼발치 서 있던 아들은
이제 막 퇴근한 듯이
비어서 환해진 바구니 챙겨
어머니와 나란히 찻길을 건넌다
작은 기쁨이 길에 배인다

목련꽃 향기

손 닿지 않는 먼 곳으로 가신 선생님

창백한 얼굴 안쓰러워
책가방에 넣어준 영양제 한 병
아직 가슴에 담겨있다

까마득한 사월의 노래
목련꽃에 내려앉는다

손편지에 가득 담은 목소리
끝내 전하지 못하고
가파른 언덕 오르내리며
잊혀져간 목련꽃 이야기

필연

좁은 골목길 담장 아래
버려진 새끼 고양이
해가 기우는데
아직 눈을 뜨지 못하고 웅크려있다

눈에 밟혀 발길 돌리지 못하고
쓰다듬으며 품에 안는다

몇 달을 보살핀 까만 눈이
이제는 귀 쫑긋 세우고
퇴근길 발자국소리에
문 앞까지 뛰어나오며 반긴다

무슨 인연일까
어려운 목소리에 귀 열고
가슴 젖어오면 손 내밀고
어머니 부드러운 눈길로
돌아서지 못하는

따뜻한 이야기

해마다 강추위다
수험생 떨림이 온도를 내리나보다
파리한 아이 고사장에 들여보내고
촛불을 켠다

내 아이만?
다시 도전할 수 없는
몸 아픈 아이 그늘진 아이
먼저 꽃 피면 좋겠다

두 번째로 밀린 아이
현관문을 들어서며 밝은 얼굴이다
너와 내가 없는
남 위해 흘린 수험생 엄마의 눈물

햇살 머금은 따뜻한 이야기
나를 깨우는 새벽이 된다

시월 오솔길

자줏빛 분홍빛 코스모스
더위에 지친 발길
가을 속으로 데려간다

까치밥 몇 개 남겨놓은 먹감나무
논두렁 오가며 키운 벼 이삭
한아름 알곡식 남기고 떠난다

가파른 길 힘든 핑계로
작은 그릇 속에 맴돌다
영글어가는 가을 길에
나를 불러낸다

파지 줍는 할머니께 우웃값 내밀며
수줍어하는 친구와
가을 길 함께 걸어가며
따뜻한 손을 잡는다

동화 속으로

골목 안 빈터
딱지치기, 고무줄놀이하는 아이들
웃음소리 담 넘어 날아다닌다

막내 동생 뒷집 수철이와 말다툼이다
양쪽 누나 두 명씩 등 뒤에 서고
목청 높이며 골목이 들썩인다
아들 꾸지람하며
눈 껌벅이며 돌아서서 웃는 엄마

돌담에 걸어둔 무지갯빛 단발머리
등 뒤에 섰던 누나들
봄볕 길어진 날
찻잔 마주하며
어린 시절 불러온다
동화 속으로 나들이한 한나절

겨울나무

짐 벗은 듯
비탈 우듬지에 서 있다

짙은 옷으로 치장했던
뜨거운 날 짧은 미소

마지막 남은 이파리 하나 떠나 보낸다
가진 것 다 내어준 빈손
나이테에 상처 하나 새기고
흔들리던 흔적 옅어져간다

바랄 게 없는 나무
기다리지 않아도
잎이 온다며
빈 마음으로 하늘 가운데 서 있다

짧은 하루

함께 줄넘기 하던 동무
철부지 키워준 학교 마당
고목이 된 플라타너스는
그늘로 바람을 모았다

거친 손 잡으며
안부를 채색한다
주름 간 얼굴로
유년으로 돌아가던 날
흙 내음 어깨동무하고
걸어온 길 다독인다

무거운 이름표 벗어 버리고
맨 얼굴로 웃음 나눈다
꾸밈없이 구름 피워올린 봄날은
짧기만 하다

아픈 눈물

'까망이' 찾아 며칠을 헤맨다
세탁기 뒤에 가느다란 소리
여위고 가엾은 눈
물 한 모금 외면한다

작은 아파트 이사하면
데려갈 수 있겠냐는 걱정에
눈물 삼키며 숨어버린 아이
이틀 뒤에 눈을 감는다

아픈 눈물로 봉래산 오르며
발자국 젖는 부부
쓰다듬어 주던 손길
헤아리며 떠난 철든 아이
봉래산 풀꽃들이 안아주겠지

뒤돌아보며 내려오는 산길
나무 사이로 젖은 바람 따라온다

나팔꽃 사유

수줍은 나팔꽃 얼굴 활짝 펴고
아침 햇살 반긴다

면벽하고 앉아
들숨 날숨 지켜보며
마음 비우고 싶던 하얀 밤
지금 이 아침을 살아가라며
나팔꽃이 웃는다

어젯밤 맴돌던 구름 조각
아침 햇살 타고
창밖으로 날아간다

비우려는 마음 한 조각도 걷어내라며
나팔꽃이 웃는다
내게 보랏빛을 분다

지나가는 가을

가지 끝에 매달린 단풍잎 하나
벌레 먹은 상처 사이로 찬바람 지나간다

안쓰러워 자리 내어준
외면하지 못한 여린 가슴
거뭇거뭇한 이파리
목마름 배어있다

구멍난 시린 단풍잎
지우지 못한 기다림 안고
바람이 데려다주는
가을 속으로 내려 앉는다

가을을 보낸 나뭇가지에
못다 한 이야기 얹혀져있다

영락공원

흰 국화 속 영정 사진 앞
비바람 견디며
혼자 칠 남매 지켜낸
큰 바위 된 친구 어머니

보릿고개 넘으며
허리띠 얼마나 졸라맸을까
무거운 짐 벗어놓고 둥지 떠나는 날
마른 단풍잎 되어
머뭇거리지 않고 문턱을 넘는다

그림자에 젖은 눈길 뒤로 하고
내려오는 계단 위 큰 붓글씨
'어버이 살아실제' 지나간 후면
문상객 허허로운 눈빛이 머문다

슈퍼마켓 앞

동네 입구 작은 슈퍼
병문안 가는 날
병원 매점에서 사면 편할텐데

'그래도'

두유 한 박스 무겁게 들고 나온다
따뜻한 눈빛 오가며
주인은 함박웃음이다

쌓인 박스 옆 둥근 탁자 의자 몇 개
늦은 오후엔 빈자리 없다
탁자 위로 지난날 걸어 나오고
터질 때까지 풍선은 부푼다

소주 몇 병 곁에
마른 오징어 한 마리
저녁나절이 들썩이고
회색빛 한숨도 뽑아낸다

하루해가 긴 아저씨
시간 덜어 내어주는
우리동네 수퍼 앞

미소

꽃잎 찾아
풀숲을 오고 간다

어쩌다 스치는 바람이
나의 노래가 되어 따라 온다

뜨거운 햇살 마주하며
석류 익어가는 소리에
귀는 입술을 열어주고

새벽길 걸으며 찾은 꽃잎 하나
앞뒤로 닦으며 다듬어 본다
미소로 다가오는 내 얼굴

제 2 부

하얀 꽃잎

봄비 오던 날
숲길 따라 뒷모습 남기고
멀리 간 소꿉동무

카톡으로 주고받은 글자
웃음으로 꽃피운 어설픈 대답
시간 속으로 내려앉는다

글자로 엮어 보내온 친구 흔적
찬바람 등에 업고 걸어온 길 젖어온다

내게 남은 책 한 권
봄이 또 지나가도
가끔 꺼내 보는 슬픈 글자들
하얀 꽃잎으로 날아간다

바다와 함께

길 위 버거운 출렁임을
바다에 떠맡기고 싶어
벼랑 끝에서 목을 길게 빼어도
손에 닿지 않는다

어쩌다 나를 던진 순간
철썩, 바닷물이 된다
파도 숨소리가 들린다
이제 파도에 따르면 되겠다
짧은 한 몸 되는 순간이 지나고

잠에서 깨어보니
다시 출렁거린다

물결 따라 함께 흔들리며
파도를 껴안으면 된다고
얼굴 내민 큰 바위 귀띔한다

언제쯤 온전히 나를

바다에 맡길 수 있을까
철썩, 또 밀어낸다

열려 있는 문

부엌이 보이는 마루
동네 할머니들 모여 앉아
주름살에 묻힌 이야기
목청 높이며 끝이 없다

어쩌다 대문이 닫혀있는 날
군고구마 봉지든 옆집 할머니
서운한 얼굴로 돌아선다

김치전 냄새 풍기는 골목
햇살도 기웃거리다 가고
묵은 정 쌓여가는 마루에
환한 웃음소리 떠나지 않는다

할머니 집 대문은 늘
골목으로 열려있다

늦은 휴가

밀려왔다 밀려가며
무게 안고 다가오던 숨결

아이들 둥지 떠난
늦게 찾은 나의 섬
지나온 발자국 쓰다듬으며
이제 숨 고르기를 한다

섬 둘레엔 휴가받은 사람들
대문 열어놓고 이웃들 오가며
운동, 봉사…
환한 얼굴로 바쁜 걸음이다

나도 꽃씨 한 줌 심어
긴 밤이 쓴 아침 노래 다듬는다
새싹이 움트는 소리 등을 떠미는 듯
풀꽃들이 집 밖으로 불러낸다

비 오는 날

기다리던 비가 오면
텃밭 깻잎은 하늘 보며 춤추겠지
밭고랑에 물이 고이고
뜨락에 단비 내리는 날

이런 날 기별 없이 옛 친구
단비 되면 좋겠다

다짐했던 말들
들릴듯한 목소리
빗물에 섞여 옅어진다

지나간 푸른 시간 우산 속에 펴들고
갈 곳 없이 걷고 싶은 날
건널목 파란 신호등이 켜진다

풍선 탄 노래

단풍길 찾아
양산 배내골 구름 따라 오른다
흘러간 시간 노래 속에 멈추고
파란 풍선이 부푼다

'바람이 소리 없이 흐르는데'
아픔 배어있는 동굴 목소리다
'볼륨 올려 주세요'
기다림 담겨 있는 목소리
가슴이 뛴단다
차 안은 웃음이 터져
푸른 날을 데려온다

가을이 떠날 때마다
들려오는 노래
풍선을 탄다

간이 정거장

파란 대문 옆 의자 세 개
비 오는 날은 비닐로 씌워져 있다
오가는 느린 걸음 쉬었다가고
오래된 화분에 둘러앉은 금계국
노란 미소는 동네 소문 기다린다

소쿠리에 담긴 옛날 과자 내밀며
'하나 먹어봐요'
주름진 손등 위로
푸릇한 이야기 익어가고
나른한 오후를 덜어낸다

온기 나누는 이웃들
잠시 쉬어가는 간이 정거장엔
햇살 한 가닥 머문다

먼지를 덜어내다

쌓인 먼지 덜어내려
솔내음 맡으며 일주문 들어선다

두꺼운 방석 위 하얀 밤 지새우고
댓돌 옆 신발 가지런히 하는 낮은 손
타고 온 버스에 오르며
댓잎 할머니 옆 사람과
자리 양보 못하고 얼굴 붉힌다
살아온 그림자 불쑥 올라왔나보다
쑥스러운 얼굴로 한숨 내쉰다

법당 처마 끝에 매달린 목어
먼발치에서 못 본 척한다
쌓인 듯 덜어낸 듯
먼 비움의 길
서툴게 걸어가는 댓잎 한 장

벚꽃 지는 날

바람 부는 무대에 선다
연분홍빛 미소는
떨리는 가슴으로
춤사위가 시작된다

관객들 환호 속
손잡고 걷는 연인 머리 위로
봄 그리며 한 바퀴
까르르 웃는 아이
두 팔 벌린 손에 고이 앉는다

연분홍 얼굴일 때
서둘러 떠난다
일 년을 기다린
짧은 숨결

촛불

한발 한발 내딛는 한 쌍
맞춰가는 발걸음
어린 조카 꽃바구니 들고
박수에 날개를 단다
양가 어머니
촛불을 밝히고

밖은 영하 찬바람인데
신부 친구 앳된 목소리로
어릴 때 같이 놀던 편지글 읽으며
봄 햇살을 불러준다

하얗게 강물이 흘러가도
붉은 가슴으로 노 저으라고
하객들 손뼉 치며 길을 연다

사랑은 촛불로 타오른다

돌탑

넓은 길 뒤에 남기고
고갯길 오르는 가쁜 숨소리
둘러 오는 길 지켜보며
밤이 길어진다

바람결에 뒷걸음질한 발자국
한 계단씩 땀방울 딛고
밝은 목소리 들린다
환한 아침을 열고
눈부신 꽃을 피워 올린다

밑돌이 된 한 조각 두 조각
모난 돌 선물로 받아 안으며
돌탑을 올린다
갈수록 높아지는 푸르름
새벽을 먼저 걸어 나간다

옥수수

무쇠솥에 삶은 옥수수
양푼에 담겨 담 넘어 오가던
햇살 좋은 골목
식구들 둘러앉아
눈 맞추며 먹었던 하얀 웃음

주고받은 눈빛이
알알이 박혀있다

옥수수 대로 지키다 간 어머니
우는 아가 등에 업고
그늘 가슴에 안고
영글어가는 날 얼마나 지쳤을까

수확한 빈 밭에는
어머니 그늘만 깊게 남아있다

사라진 그림

담이 없는 높은 동네
가파른 계단 위
재개발 바람으로 웅성거린다
오래 살던 사람들은 떠났다고 한다

새벽이면 들리는 뻐꾸기 울음도
아파트 벽 속으로 숨어버리고
담 넘어 오가던 따뜻한 웃음도
파헤친 흙더미에 가라 앉는다

산 끝자락만 겨우 남겨둔
차가운 고층아파트
어색한 그림이다

산벚나무 무리 지어
분홍색 수채화로
봄을 피워 올리고
나목들은 겨울 산을
하얗게 그린다

사계절 펼쳐지는 명화들은
현대화 속으로 묻혀져 간다

파란 이야기

바위 사이로 흐르는 개울물 소리
민들레와 눈 맞추며
냉이 씀바퀴 캐던 언덕
파란 꿈을 꾸며
파란 이야기 쌓여 있는 곳

큰길 옆 아름드리 느티나무
땀 식히며 쉬어가는 곳
모서리 닳은 평상은
무지갯빛 이야기 모아준다

느티나무 닮은 친구가 살고
사립문 너머 부르던
잊히지 않는 이름
벚꽃잎 흩날리는 봄 언덕에
파란 이야기 다시 쓰고 싶다

눈부신 층계

가시 달린 외침을 들었다
'왜 공부만 칭찬하나'

자식보다 먼저
신문배달 아이 신발 사주던
아버지 헛기침 속에
봄 햇살 담겨있는 목소리 들려주려는 듯
일등이 아니어도
시린 손 잡아주는 뒷모습 보여주려는 듯

성적 아닌 자신이 좋아하는 것 찾아
빗소리에 귀 열고
선한 몸짓 지닌 꽃봉오리
밀어주는 운동장이
명문이라고 소리 높인다

폭우

지난밤 폭풍우 치고
천둥소리 하늘을 찢었다
그칠 줄 모르는 장대비
무너진 서까래
흙탕물에 쓸려간다

잃어버린 가족 눈물은
들녘에 하얀 국화꽃 강둑을 넘는다

산비탈 상수리나무도
가슴 졸이며 떨고 있다
무너진 길 위에
여름은 또 아프게 지나간다

작은 물고기

햇빛 사이로 길은
무게 안고 다가온다
벼랑 끝에서 만난 바닷바람
지친 발자국을 세운다

얼른 닮고 싶어
두꺼운 방석 위에 허리 세우고
새벽 종소리 들으며
바닷바람에 귀 기울인다

스스로 해풍 따라
큰 파도 작은 파도 되어
늘 출렁인다고 일러준다
언제쯤 물결에 맡길 수 있을까

바다에서 살며
바다속인 줄 모르는 작은 물고기
서툰 몸짓으로 물결을 따라간다

스며들다

용달차 운전석 옆
아기 업은 새댁
돌잔치 대신 떡 두 말,
귤 두 상자, 과자 한 박스
감천 언덕 아래 고아원
외로움 안고 있는 아이들 간식으로 내민다

원장 수녀님 반기며
이름 주소 물어보지만
수줍어 고개 돌리는 새댁
기사는 끝내 차비를 받지 않는다
엉겁결에 가버린 용달차
수십 년 잊지 못하는 손길
가슴 한편 온기로 남아있다

해마다 아이 생일이면
함께 찾는 고아원
그 자리엔 아파트가 세워지고
용달차 아저씨 소리 없는 눈빛은

아이들 눈에 스며들었을 것이다
어제보다 창밖이 밝은 사랑

숲속의 의자

의자에 햇볕이 내려앉는 오후 세시
영순 할머니 검정 비닐 들고
대신공원 빈 의자를 채운다
팥빵도 꺼내고
엇박자 콧노래도 꺼낸다

모퉁이 돌아 작은 의자
가랑잎에 젖어있는 그녀
얼룩진 그늘을 안고 있다

공원 의자는 그녀의 한숨 소리
해고당한 아저씨 넋두리도
불평 없이 받아 준다

휘청이는 발자국 받쳐주려고
기다리는 빛바랜 의자

제 3 부

둥근 만남

내 눈은 아직
거울 속만큼만 보인다
돌아보지 않고 쌓은 큰 창고
노을 앞에서도 눈 감겨져 있는 그녀

바람 없는 어느 날
시간이 정지된 듯 깊은 눈물은
접어버리지 못하고 맺힌 날들을
흔적 없이 흩어버린다
이젠 흔들리지 않는 눈빛으로
색 버린 강물에 맡겨본다

티끌보다 작은 내가 되면
있는 그대로 볼 수 있을까
모서리 없는 둥근 만남으로
미리 종이에 적어본다

산 그림자

목련꽃 필 무렵
우린 저수지 둑에 앉아
산 그림자 길어지는 줄 모르고
파란 노래 담은 풍선을 띄웠다

어른거리는 아지랑이 속에
가끔 궁금해지는 안부
지하철 맞은편 의자
닮은 사람 보며 가슴 누른다
며칠째 지워지지 않는다

몇 번을 봄은 또 가고
잃어버린 말은 그림이 된다
초록잎 발자국 묻혀져 가고
산 그림자 멀어져 간다

따뜻한 뒷모습

차가운 마룻바닥
초등학교 오학년 교실
콧물 훔치며 형 찾아 들어서는 일학년 아이
얄팍한 윗도리 단추 모두 떨어져
낡은 속내의 안쓰러운 얼굴
얼른 옷핀 빼어 가슴 감싸준다
옛 동무 처음 만나는 날
'그때 참 고마웠다' 하며 두 손 내민다

어머니 온기 스며들었을까
걸인이 대문 들어서면
얼른 자기 밥 내어주고
부엌에서 물 마시던
뒷모습 남긴 어머니 가신 날
늦도록 묻혀진 이야기 풀어보는 밤
담장 너머 빨간 줄장미 따라
옆집 안부도 물어본다

가을바람 따라

벚나무 가지에 매달린
구멍 뚫린 단풍잎 하나
처서 바람 기다린다

비바람 견디며
먹이 되어주고 놀이터 된
참새 떠난 자리 비워두고

이젠 굴레 벗어나
가을 따라 날아가려 한다

산골 마을 정류장에
노란 은행잎 선물 내려놓고
아무런 내색 없이
산 너머 훌훌 떠나는 바람

나도 나뭇잎 따라
산골 버스를 타고 싶다

오월이 오면

제비꽃 무더기로 핀 언덕
흑백 사진 속에 멈춰진 시간
한 줄로 비스듬히 앉아
꽃으로 웃고 있다

카나다로 이민 간 정숙이
푸성귀 다듬으며 등 굽은 영순이
사진 속 맑은 눈웃음은
잠들었던 푸른 시간을 깨운다

시간은 날개 달고 흘렀다
굽은 길 걸었던 발자국 흐려진다

사진 속 환한 얼굴이 걸어 나와
거친 손 마주 잡고
지나온 길 돌아본다

지하철 놓친 날

약속 시간까지 어정거린다
지하철 계단 바삐 내려서지만
문이 닫힌다

급히 내려오는 또 한 사람
어디서 본 얼굴이다
흘러간 시간 더듬어 낸다
몽당연필 나눠 쓰던 짝지
육학년 여름 전학 간 영숙이다

"어머나 그 얼굴 남아있네
 어디 사노"

맞잡은 손
숱한 물결이 일렁인다

"전화할게 또 봐"

안 보일 때까지 손 흔든다

유년을 불러내는 산 넘어 그날들
무지갯빛 책장을 바삐 넘겨본다

책갈피

물든 잎 하나
책갈피에 끼워주던 미소
바다로 흐른 시간 따라
하늘이 바래져간다

쌓인 단풍길 걸으며
나뭇가지 다시 흔들리지만
산 너머 닿을 수 없는 웃음
책갈피 속에 스민다

봄이 오면 나뭇가지는
산새 소리에 깊은 주름 펴고
파란 잎 틔우고 싶어
바람결에 묻어오는
물소리에 눈 크게 뜬다

가로등

기둥으로 서 있다가
어두워지면
긴 밤을 노란빛으로 안아준다

젖은 눈으로 찾아오는
고단한 그림자
밤새워 멍 자국 지우며
속 울음 풀어 놓는다
조금씩 어둠이 사그라져가고
어제보다 밝은 새벽을 간다

낙엽 구르는 거리에
어깨를 내어주는 가로등
어둠에 길 잃은 사람들을 기다린다
별이 뜨지 않은 밤은
더 밝을 불빛을 품는다

봄비

봄비 내리는 날
오래 기다렸던 나뭇가지들
연두색 얼굴이 밝다

먼지 쌓인 찻길
골목 안 작은 돌멩이
소리 없이 씻어주며 봄을 알린다

겨우살이에 지친 나무들
봄이 온다고
다시 일어서라며
작은 소리로 흔들어 깨운다

봄비 내리는 날
겨울 떠나는 소리
수평선 너머 그곳엔
너무 멀어 닿지 않을지 모른다

외갓집 가는 길

가을걷이 끝난 들판 지나
구름꽃 걸린
대문에 들어선다

마당 한 켠 널려있는 무말랭이
마루 밑에 차곡히 쌓이는 장작더미
할머니 집 마당은
겨울 채비에 해가 짧다

시린 손 내밀며
안기고 싶던 할머니 품
담벽에 매달린 철부지 이야기
다시 꺼내 보고 싶어
마음은 날개 달고 먼저 나선다

백양나무 이파리도 반겨주는
외갓집 가는 길

젖은 길을 가다

산동네 복지관을 오가며
웃음 잃은 아이를 만난다
두 아이를 맡기고 일터로 가는 가장
빛이 떠나 젖어있는 집

아이가 눈에 밟혀
푸른 내일을 노을에 묻었다
어둠을 쓸어내며 견뎌낸 스무 해
그늘 짙은 날엔
햇살이 다가와 다독여주었다

웃음 찾은 아이는
따뜻한 손 잡고 키가 자랐다
짝도 찾았다고 한다

젖은 발 닦아주며 품어준 늦은 만남
언덕 너머 걸어온 길
풀꽃처럼 피었다

반겨주던 우물이 그리워

젖은 우산 안고
어머니 없는 그늘 속에서 키가 컸다

도시락 뚜껑 열리는 점심시간이면
뒤뜰 우물가로 달려가
마시던 물 한 모금
처진 어깨 반겨주던 우물이 그리워
봄이면 먼 길 달려온다
옛동무 손잡고 젖은 우산 꺼내 보는
엷은 미소에 햇살이 따라온다

나누지 못한 양은 도시락
목에 가시처럼 걸려있다
손 흔들며 보내는 시외버스 정류장
눈 떼지 못하는
뒷 모습이 길다

빗물로 그린 동그라미

반가운 목소리
이민 간 소꿉친구
가을 데리고 오는 저녁 비
캐나다에도 비가 온단다

처마 끝에 떨어지는 빗소리
담장 밑 개구리 울음소리 듣고 싶어
창가에 오래 서 있단다

지나온 힘든 발자국
지우지 못한 먼 거리
구름은 얼마만큼 머물다 간다며
다독여보는 긴 통화

봄이 오면 진달래 핀 산길 걷자며
다시 밝아오는 목소리
빗물로 유리창에
크게 동그라미 그린다

오랜 친구

눈 맞추고 지낸지 오래다
화장기 없는 얼굴도 편안하다
같이 마시는 커피향이 더 진하고
따로 읽은 글에 나란히 밑줄 긋는다

살아가는 그림자 기우뚱거릴 때
'우짜노 그렇게 했는데'
'그러니까 너지'
모자라는 가슴 미소로 채워준다

바람이 불면
조금 흔들리면 그만이라며
서로 다독이는 우리

너와 함께 우리로 지내자
어떤 모습이든
오래도록 강물로 흐르자

마을버스 안 난로

명장동 마을버스 정류장
양손에 짐 든 할머니
만 원권 내민다
기사 아저씨 거스름돈 모자란다며

"내리세요"

뒷좌석 아주머니
얼른 대신 천원 내어준다
버스 안은 햇살 한 줌으로
온기 가득하다

주머니 속 찾은 오백 원 동전
한사코 내미는 할머니

"괜찮습니다"
"안됩니더"

버스 안은 환한 웃음꽃 핀다

먼저 내리는 햇살 아줌마
창밖으로 얼굴 내민 할머니

"잘 가이소"

스쳐 지나가는 은행나무 이파리
어제보다 더 짙은 초록이다

수레바퀴

지하철 출구
요가 동호회 안내 글에 눈길 머문다
해가 바뀔 때마다
운동, 봉사… 새해 결심은
무성한 만큼 서툰 바퀴 흔들린다

새 작심으로 가입한 요가반
한 주일 연습하고 파스를 덕지덕지
아팠던 무릎이다
'무리하면 안됩니다'
처방전 받아 나오며
되돌리고 싶은 손수레 미끄러져 내려간다

해가 바뀌면 다른 걸음이 손짓하고
완성 못 할 그림도 그려본다
새해 바퀴는 탓하지 않고 굴러간다

느린 걸음에 맞추다

길 건너 학교 운동장
이른 새벽 먹이 찾아온
참새와 눈 맞추며
선을 따라 걷는다

위층 할머니 옆줄로 다가선다
달팽이관 치료받는 이야기 세 번째다
느린 걸음에 목청 높인다
두 바퀴쯤에서 끝난다

얼른 줄 바꾸어 긴 숨 내쉰다
푸른 날 향기 품었던 망초꽃
노을길 따라 흰색으로 멈추고
기억도 흔들리는 아려오는 뒷모습
내 걸음에 포개어 본다

어제보다 한 바퀴 더

봄빛 속으로

연둣빛 따라
좁은 길 들어서면
잔잔한 푸른 연못이 반긴다

연못가 작은 풀꽃들
서로 눈 맞추며
한나절 봄빛 속에 있다

새봄에 다시 오자는 약속
병실 창밖을 바라보는
친구 눈빛은 봄빛이다
언 땅 열고 핀 민들레처럼
손잡고 봄을 다시 걷자

연못가 풀꽃들이
기다리고 있겠다

아픈 빈자리

어린 눈빛 하나
외면하지 못하는
나보다 남이 먼저이던 동박새

산새들 노래 들리는
숲속 쉼터에 가던 길 멈추었다

사진 속 웃는 얼굴
가파른 언덕길 넘던
손잡아 주던 동박새
주름진 손 포개며
하얀 국화꽃 눈물에 젖는다

진달래 핀 언덕
동무들 모이는 날
오지 않는 동박새
아픈 빈자리 돌아본다

돌아온 선물상자

택시에 두고 내린 상자
멀리서 온 친구에게 줄 선물이다

"기사분 맛있게 먹으면 되지 뭐"

아쉬움 뒤로 한
송도공원 점심 밥상
바다 내음 섞여 싱싱하다

두리번거리며
어묵 상자 들고 온 택시 기사 밝은 얼굴
사례금 들고 문밖까지 달려가는 친구
따뜻한 눈길 여기저기서 보내온다

온기가 흐르는 식탁
매운탕이 더 뜨겁다
가끔 꺼내 보고 싶은
어제보다 창밖이 밝은 이야기

진달래 바겐세일

승학산 산능이 붉은 물결
진달래 바겐세일이다
바람에 흩날리며
떠나가기 전에 담아 가란다
여기저기 환호 속 셔터소리
봄날이 짧아진다

긴 겨울 견디며 피워낸 붉은 꽃
골짜기마다 불 질러 놓고
산모퉁이 돌아간다

진달래 만나 가벼웠던 산행
담아 온 붉은 미소
단톡방이 먼저 환하다

가을 편지

제비꽃 피는 사월이면
가슴으로 쓴 보라색 편지
빨간 우체통 앞에서 망설인다
바다로 흘러간 긴 시간 따라
강물 여위어 간다

노을 속에 그림자 된 제비꽃
시린 바람 불어온 날들
내가 선택한 겨울이다

이제 귀뚜리 울음 들리는 책상에 앉아
온기 담은 편지를 쓰고 싶다

건널목 손수레에 높이 쌓인 종이 박스
밀어주는 책가방 맨 아이
따뜻한 신호대 풍경
파란색 글씨로
가을 하늘에 띄운다

제 4 부

서어나무가 되어

밤하늘 서늘해지고
물기 머금은 서어나무 이파리
눈치채지 못하는 사이에
노란 잎 되어 바람 소리 듣는다

풀어놓지 못한 상자 속 멍 자국
흐려지기를 기다리다가
바람이 당겨준 햇살 바라보며
이젠 숲속 풍경이 된다

넘어지지 않으려고 바퀴를 세우던
묻혀진 발자국도
붙들고 싶은 반짝이던 시간도
서어나무 풍경 속으로
저만치 떠나고 있다

피어오르는 백합

한 떨기 백합꽃으로 웃고 있다

울고 있는 아가에게
아끼는 장난감 선뜻 내민다

"채은이는 아가 천사네"

엄지 '척' 세우면
수줍은 눈빛으로
소원 들어주는 '오목두기' 하잔다

노랑나비 날갯짓으로
웃음 번지는 한나절
주말이면 걸어오는 노란 발자국 기다린다

그래, 그래
둥글게 피어올라
가는 곳마다 햇살 안고 빛나거라

가고 싶은 남강

시월 남강 유등축제는
우리들 만남을 당겨주어
눈빛이 먼저 집을 나선다

언덕 넘어 가버린 유년은
햇살 머금은 강물로 걸어오고
찬바람 건너온 시린 발자국들
서로 다독이며 숨결 나눈다

남강 위로 유등은 흐르고
물빛나루 시민호 빛이 흐르는 탑승
흔들리는 은물결은 어둠을 지운다
온기 흐르는 저물녘
강물 위에서 별빛은 휘파람이 된다

얼룩을 지우다

시간들이 배인 얼룩
세탁기 속에서 부딪혀 가며 덜어낸다
내 밖으로 밀어낸다

곰팡이 핀 얼룩은
사라지지 못하고
어느 한 올 속에서 멍들어 있다

고단한 빨래통 속에서
몇 차례 헹구어 내는
기다림도 배운다
바람과 햇볕이 출렁이는 빨랫줄에 흔들리며
빛이 되는 얼룩

새로운 시작

묻어둔 서랍 속 그림 찾으려
뒤척인 밤이 걸어 나온다

다시 시작이라는 말
햇살이 등을 떠민다
늦지 않다는 말
발자국에 힘이 되어 준다

산모퉁이 돌아온 마른 가슴
봄볕 머금은 언덕 너머로
길 따라 나선다

남아있는 초록빛 풍선
노을빛 주워 담는 강물 따라
서툰 그림 그리며
빛나지 않아도

종이비행기

산책 나섰다가
구덕골 글쓰기 축제에
우수상 받은 이웃
손뼉 치며 건넨 책 한 권

책 속에 들어있던
짧은 글 여섯 줄
글 쓰겠다며 목소리 높인다

"무슨 말을 하냐"

십 년 전 친구 남편 쓴 책 읽고
넣어둔 느낌 몇 줄
난 기억도 없는데…

며칠 후
종이비행기 태워 등 떠민다
이젠 길섶에 앉은 민들레
노란 향기 그릇에 담고 싶어

물음표를 단다
성긴 나뭇가지 사이로
초록 잎새 한 가닥 내어본다

옛 동무와 함께

삐비 한 웅큼 뽑아 들고
오르내리던 언덕
그곳에 우뚝 솟아있는 아파트
뒷산 산벚꽃이 반긴다

눈 떼지 못하는 연초록 들판 지나
덕산 계곡 옆 닭구이 집
숯불에 구운 고기 한 점 서로 챙겨주며
작은 바위 옆으로 흐르는 하얀 물소리
옛 얘기에 시간 멈춘다

계산대 앞
서로 밀어내고 밀리는 풍경

"와 이라노,
 그라모 커피는 내가 살게"

자주 만나지 못해도
가슴에 머무는 이름들

웃음 떠나지 않는 옛 동무 만나는 날
우리 일박 더 할까

군고구마

해변 도시로 날아온 새 한 마리
화려한 불빛 눈이 부시다
높은 빌딩도 낯설었나 보다

먼 친척인 그녀
옆으로 와 발을 뻗는다
며칠 지나지 않아 밝아지는 얼굴
난로 옆에 둘러앉아
군고구마 나누어 먹던 하얀 웃음

구세군 종소리 들리는 구랍이면
어김없는 안부 전화 한 통
군고구마 잊지 못한다는 그녀
아직 바퀴를 굴려야 한다며
햇살같이 웃는다
그녀 수레바퀴 소리
가볍게 들리는 듯

돌감나무

좁은 산길 비탈에 선 돌감나무
눈길 주는 이 없어
지나는 바람에게
말을 걸어본다
산까치는 감이 익어가기만 기다리며
흘깃 지나친다

작심한 돌감나무
땡볕 견디며
새벽 별 보며
면벽 수행을 한다

감잎 붉게 물들면
마음도 비워진
무르익은 돌감이 된다
약으로 쓰인다며
등산객 가방에 담겨져 하산한다

그 노래에

기다림으로 무너진 여자
무대에서 노래를 한다
섬에 갇혀버린 붉은 멍 자국

'마음대로 사랑하고…'

여자는 한숨을 뽑아내듯
가냘픈 목소리다

'경증 정신장애인 위로의 무대'

첫 소절부터 가슴 아린 노랫말
객석이 젖는다

노래가 끝나도
가슴 속 울음을 듣는다

그녀 정지된 시간은
돌담을 넘었을까

이젠 멍 자국 씻어낸
그녀 가벼운 발걸음 떠올린다

별을 만나다

작은 별 하나
글을 모르는 이웃 불러 모은다

동화책 내미는 손자
얼른 공원으로 데려가
그네를 민다
늘 지워지지 않는 멍 빛
먼 산 바라본다

작은 별을 만나
병원 접수도 혼자한다

눈물 씻고 하늘 쳐다보며
손가락으로 파란 하늘이라고 쓴다

콧노래 바람 타고
동네를 날아다닌다

작은 별 반짝이며

바삐 걸어간다
책가방 든 이웃 별들
만나는 날이다

능소화 피면

담장 너머 고개 내밀고
뙤약볕 아래
목을 빼고 기다린다

대답 못 한 망설임 응어리져
목이 길어졌다
약속하지 않은 눈맞춤
지치지 않고 피어오르는
주황색 불꽃

장대비에 흔들리는 넝쿨
붉은 새옷으로 갈아입고
담장 너머
눈 떼지 못하는 푸른 기다림

안개

궂은일 감추어 주고
아무 일 없었던 것처럼
마른 몸 품어주는
분별없는 안개를 만난다

안개가 걷히면
무대에 불이 켜진다
엄마역 아내역을 맡은
각본 없는 배우들
더듬거리기도 하며 하루가 저문다

수많은 가르침 속
와 닿는 안개의 침묵
나와 다름도 끌어안는 넓은 가슴

안개를 닮고 싶은 배우들
새벽 바닷가를 서성인다

아침 신문

새벽 여섯 시 현관문 열면
어김없이 기다리는 활자들
긴 어둠이 주춤거릴 때
까치소리 들리는 공원 의자를 찾아간다

지구 한 바퀴 돌아와
활자들은 세상을 읽어준다
국밥 장사하며 평생 모은 돈 삼억
외면받은 사람들께 남기고 떠난 할머니
아침을 온기로 물들인다

신문 멀리하는 사람들
'혹시나' 하고
크게 접어 긴 의자에 걸어둔다
훌쩍 가슴에 들어오는 온기
한 줄이라도 만났으면…
의자 뒤에서 가슴 보내는 풀벌레 노래
초록빛 아침이 열린다

걸어두고 싶은 그림

한 해를 보내는 십이월
더러는 잊고
더러는 담아두자

'엄마 좋아하는 친구분은 누구세요
 밥 한끼 대접하고 싶어요'

서울에서 가끔 출장 온다
밝은 친구 목소리
어릴 때 '희' 모습 떠올리며
따뜻한 숨결이 들린다
엄마 사랑 배어있는
두 손 잡아주고 싶은 초록 나무

날마다 지나가는 수많은 색깔들
길이 환해지는 고운 색 하나
오래도록 걸어두고 싶은
초록빛 그림

세일 하는 날

천막 아래
땀방울 닦으며
야채 파는 아줌마
밀물 드는 목소리에
무더위도 주춤거린다

모여드는 장바구니
버섯 세일
콩나물 세일
푯말 아래 모두 털린다

'세일 해도 많이 팔면
괜찮을 거야'

발걸음 쉽게 떼지 못하고
내 오지랖을 세일한다

빈 박스 챙기는 콧노래
수박같은 얼굴이 환하다

물러나지 못하고 앉은 더위도
한줄기 소나기를 세일한다

오래된 액자

흑백 사진 속
두 소녀가 걸어 나온다

바다 건너 두고 온 무지갯빛 언덕
그림자 쓰다듬으며
아들딸 곁을 떠나지 못한다

다시 초록 잎 돌아가고 싶으냐
'아니, 나도 아니다'
개울 물소리 아이들 웃음 힘이 되지만
갑자기 쏟아지는 장대비 겁이 난단다

해가 길어진 봄날
사진 속 동무와
벚꽃길 따라가며
가슴에 가두어둔 빛 꺼내 보며

햇살을 당겨 본다

삼월 꽃샘 바람
나뭇가지 흔든다

언덕아래 개울물
움츠렸던 가슴 풀어 놓고 싶어
햇살 기다린다

갈라진 시멘트 사이로
고개 내미는 민들레
까치 노랫말 힘이 되고
연둣빛 이파리 새벗이 된다

노란 가슴 익어 풀씨 되면
깃발 날리며 찾아가고 싶은
산 너머 친구
다시 손잡아 줄까!
봄은아직 머뭇거리는데
햇살을 당겨 본다

□ 해설

이웃과 동행에 대한 배려

강영환(시인)

　시는 일상을 복사한다. 있는 실상을 그대로 복사하는 것이 아니고 시인의 느낌과 생각으로 재현해 낸다고 하는 말이 맞다. 일상은 그대로 재현이 될 수는 없다. 시에 드러난 일상은 시인이 발견한 새로움이다. 새로움은 풍경의 낯섬이며 낯선 의미를 보여주는 일이다. 실상에서 시인의 생각을 통해 재구성되고 재편집된 일상이 독자들에게 전달된다. 독자들은 시인이 재구성한 일상을 통해 자신의 일상과 견주어 새로운 일상을 깨닫고 새로운 의미를 얻고 배운다. 그래서 시인은 일상을 드러내지만 그 일상 속에는 시인의 삶이 녹아들어 있다. 일상과 삶은 의미가 다르다. 일상은 하루하루 영위되는 생활을 의미하고 삶은 자신이 가진 일생의 의미를 지닌다. 물론 일상이 모여 삶을 이루겠지만 삶을 이루는 일상은 그가 지나온 모든 길들, 모든 생각들, 모든 행동들이 포함되는 총체적인 범주에서의 삶을 말한다. 그래서 시인은 일상을 보여주지만 그 일상 속에는 시인의 삶이 녹아들게 된다. 독자들은 일상을 읽지 않고 그의 삶을 들여다보는 것이 된다.

2023년 《문예시대》 신인상으로 등단한 서묘연 시인의 작품들에서는 숱한 일상들이 기록되어 있다. 그 일상 속에는 따뜻한 온기가 내재 되어 있다. 시인은 그 숱한 일상 속에서 온기 있는 삶을 발견하고자 한다. 시인이 일상 속에서 발견한 것은 만남이다. 만남에는 여러 종류의 만남들이 있다. 혈육과의 만남, 이웃과의 만남, 친구들과의 만남, 지하철이나 버스 안에서 낯모르는 이웃들과의 만남, 목욕탕에서의 만남 등 시인이 우연히 마주치는 만남의 일상 속에서 시인이 발견하고자 하는 것은 삶의 의미다. 사람들마다 가진 삶이 다르듯이 그 다른 삶에서 다름이 주는 신선한 삶의 의미를 찾아낸다. 서묘연 시인 작품의 특징은 부드럽고 따뜻함이다. 생활 속에서 이웃과 동행이 가진 의미들에서 건진 개별적 에피소드들은 한결같이 부드럽고 따뜻함을 지녔다. 그의 시를 읽고 있으면 입가에 잔잔한 미소가 흐르고 온몸을 감싸는 온기를 느낄 수 있다.

용달차 운전석 옆
아기 업은 새댁

돌잔치 대신 떡 두 말,
귤 두 상자, 과자 한 박스
감천 언덕 아래 고아원
외로움 안고 있는 아이들 간식으로 내민다

원장 수녀님 반기며
이름 주소 물어보지만
수줍어 고개 돌리는 새댁
기사는 끝내 차비를 받지 않는다
엉겁결에 가버린 용달차
수십 년 잊지 못하는 손길
가슴 한편 온기로 남아있다

해마다 아이 생일이면
함께 찾는 고아원
그 자리엔 아파트가 세워지고
용달차 아저씨 소리 없는 눈빛은
아이들 눈에 스며들었을 것이다
어제보다 창밖이 밝은 사랑

―「스며들다」 전문

아기를 업은 새댁이 용달차 운전석 옆에 앉아 있다.

아기 돌잔치에 쓸 음식물을 용달차에 싣고 고아원을 향해 간다. 부모와 헤어져 힘든 어린 시절을 보내고 있는 아이들에게 전달해 주기 위해서다. 고아원 원장 수녀님이 주소를 묻지만 끝내 말해 주지 않는다. 그 모습에 감동한 용달차 기사도 운임을 받지 않는다. 이 시에서 시적 화자는 자신의 선행보다는 용달차 기사의 남다른 선행의 손길을 앞세운다. 자신의 아기는 엄마라는 따뜻한 선물이 있지만 고아원 아이들에게는 엄마가 없다. 그래서 아이들에게는 따뜻한 선물이 필요하고 화자는 돌잔치 비용으로 아이들에게 주는 선물을 마련하여 고아원을 방문하는 마음이 아름답고 물건을 실어다 준 용달차 기사 아저씨의 마음 또한 아이들에게는 오래 기억될 마음의 선물이 될 것이다. 이런 모습들이 이 작품집을 밝고 온기있게 만드는 요소이다. 그렇게 수십 년을 고아원을 찾아가던 모습이 생생하다. 아이 생일 때마다 찾았던 고아원이 헐리고 그 자리에 아파트가 들어서고 그때 아이들 눈에 스몄을 용달차 기사 아저씨의 소리없는 눈빛은 창밖을 밝게 해주었다. 이런 현실을 읽어내는 눈이 예사롭지 않게 펼쳐진 작품들에서 시인이 지닌 세상을 읽는 눈을 보게 된다. 그것은 일상 속이며 일상에서 발견하는 삶의 모습이다.

백 년 전 중국 사상가 임어당은 『생활의 발견』에서 인

간의 행복에 대해서 쓰고 있다 '행복이란 무엇인가-살고 있다. 그것만으로 충분하다. 인생의 즐거움에는 여러 가지가 있다. 우리 자신의 즐거움, 가정생활의 즐거움, 나무, 꽃, 구름, 시내, 폭포 그 밖의 삼라만상을 보는 즐거움 그리고 또 어떤 형태의 마음의 교류, 시가, 미술, 사색, 우정, 유쾌한 대화, 독서의 즐거움 등이 그것이다. 맛있는 음식, 유쾌한 모임, 가족의 단란, 아름다운 봄날 소풍 등의 즐거움처럼 분명한 것도 있고 시가, 미술, 사색의 즐거움처럼 그다지 분명치 않은 것도 있다.'고 썼다.

　이 시집 전체를 아우르는 특징으로는 임어당이 말하는 일상에서 건져낸 제재들같이 한결같이 밝고 따뜻하다는 것이다. 그것들은 꾸밈으로 밝거나 따뜻하지 않은 **뼛속부터 따뜻한** 원초적 원형질로 보인다. 그 따뜻함은 시인이 만나는 생활 속에 있으며 그 생활에는 거짓이 스밀 빈틈이 없다. 시는 가상 현실을 꾸며내기도 하지만 서묘연 시인은 리얼리티에 진심을 투사한다. 생래적으로 가상과는 합이 맞지 않는 태도이며 늘 진심을 풀어내고자 한다. 그러기에 한 줄 한 줄에 드러내는 현실은 진솔함이다. 있는 대로의 현실을 가지고 그 현실에 숨은 삶의 의미를 추출하고자 시의 형식을 빌려온다. 굳이 시의 형식 아니라도 진심은 전달 될 수 있을 법 한데 굳이. 시라는 형식을 취하는 것은 시가 가진 상징적 힘에

기대고 싶은 마음이 컸던 것이리라. 이왕 시의 형식을 빌렸다면 공간 부풀리기를 통하여 상상력에 더 기대었더라면 더 효과적인 의미 전달이 이뤄질 수 있었을 것이라는 아쉬움을 남긴다. 이제 시의 출발 선상인 서묘연 시인에게는 높은 과제일 수 있겠지만 시에 정답이 없다는 원칙에 의하면 서묘연 시인이 보여주고있는 밝음과 따뜻함이야말로 이 시대가 가져야할 아젠다일 것이다. 서묘연 시인의 작품을 읽고 있으면 남모르는 미소가 절로 배어 나온다. 이것은 독자를 행복하게 만드는 요소가 있음을 말한다. 참으로 아름다운 심성을 갖고 있는 작품들이다. 서묘연 시인의 가족이나 이웃이나 친구들은 행복할 것이다. 시인이 가진 밝음과 따뜻함이 전파되어 시인이 있는 곳이면 언제 어디에서든지 늘 행복이 충만할 것으로 보여지기 때문이다.

동네 입구 작은 슈퍼
병문안 가는 날
병원 매점에서 사면 편할텐데
'그래도'
두유 한 박스 무겁게 들고 나온다
따뜻한 눈빛 오가며
주인은 함박웃음이다

쌓인 박스 옆 둥근 탁자 의자 몇 개
늦은 오후엔 빈자리 없다
탁자 위로 지난날 걸어 나오고
터질 때까지 풍선은 부푼다

소주 몇 병 곁에
마른오징어 한 마리
저녁나절이 들썩이고
회색빛 한숨도 뽑아낸다
하루해가 긴 아저씨
시간 덜어 내어주는
우리 동네 수퍼 앞

—「슈퍼마켓 앞」전문

   서묘연 시인의 작품이 지닌 따뜻한 배려가 단적으로 돋보이는 작품이다. 이 시는 병문안 갈 때 작은 선물을 사는데 무겁게 병원 내 매점에서 구입하면 편할 텐데 불편을 감수하고서 굳이 동네 수퍼에서 구입한다. 수퍼라는 이름으로 불리고 있지만 실상은 동네 구멍가게이다. 그 이유를 '그래도' 라고 붙인다. 이 짤막한 접속사에는 숱한 이야기가 담겨져 있다. 내가 좀 불편하더라도 두유 한 박스라도 동네 수퍼에서 구입해 준다면 이웃에게 작은 도움이라도 줄 수 있겠다 싶어 병원 매점이 아무리 편리하다 하더래도 '그래도' 굳이 동네 수퍼에 찾아간다. 박스들이 쌓여 있는 옆으로 둥근 탁자가 놓여 있고 그 탁자에 동네 아저씨들이 앉아 오징어를 안주로 소주를 나눠 마시고 있다. 그 남자들은 하루의 고된 일상을 한숨으로 뽑아내고 있지만 그 시간을 동네 수퍼가 덜어 내 주고 있음을 발견한다. 요즘은 편하고 편리함 때문에 작은 생활용품이나 식재료들도 주차 시설이 편리한 대형마트나 백화점을 이용하는 일이 보통 사람들의 모습이다. 불편을 감수하면서까지 동네 수퍼(구멍가게)를 이용하는 것은 그곳이 인정이 살아 있고 온기가 느껴지기 때문이다. 병원 매점이 주는 편리함이 있음에도 불구하고 '그래도' 동네 수퍼를 이용하는 것은 거기에 함께 해야 할 내 이웃이 있기 때문이다. 동네 수퍼는 동네 사랑방처럼 따뜻한 온기가 머무르는 공간이다. 함께 살아감의 의미를 되새기게 하는 작품으로 의미만으로도 감동을 주기에 충분하다.

이렇듯 서묘연 시인의 작품에는 맑고 깨끗한 한국인의 정을 투명하고 따뜻한 감수성으로 뽑아 올린다. 그것은 서묘연 시인의 감수성이 그만큼 맑고 깨끗하다는 반증이 된다. 길거리 야채 파는 노점상 할머니 이야기가 자주 나오는 것도 그것과 무관하지 않다. 약자와 이웃에 대한 배려와 관심으로 내가 사는 이 땅을 맑히고 싶은 시인의 배려이리라.

　지하철 출구
　푸성귀 담긴 바구니
　등 굽은 할머니는 떨이를 해야한다
　해가 기울어도 일어서지 못한다

　지나가는 이에게 부탁해 떨이를 해 주는
　퇴근길 아들
　가로등 흐르는 저녁 풍경
　푸성귀 다듬으며 키워준 굽은 등이 보인다

　먼발치 서 있던 아들은
　이제 막 퇴근한 듯이
　비어서 환해진 바구니 챙겨
　어머니와 나란히 찻길을 건넌다
　작은 기쁨이 길에 배인다

―「작은 기쁨」 전문

　지하철 정거장 출구 앞에 퇴근해 집으로 가는 사람들을 대상으로 푸성귀를 파는 할머니들이 앉아 있는 풍경은 누구나 쉽게 접할 수 있는 일상의 모습이다. 어느 한 할머니는 얼마 남지 않은 채소를 떨이하고 얼른 집에 가서 손자들 밥을 해줘야 하는 마음으로 조급하다. 퇴근길에 오른 할머니의 아들이 지나가는 이들에게 부탁하고 사정해서 떨이를 돕는다. 가로등 불빛에 그 아들을 키우기 위해 고생한 휘어진 등이 보인다. 할머니가 짐을 다 챙길 때까지 멀리서 지켜보던 아들은 어머니와 나란히 찻길을 건너 집으로 향한다. 이를 지켜보는 화자의 가슴에 넘쳐나는 기쁨이 길에 배어든다. 아주 간단하고 짧은 스냅 사진 같지만 깊은 의미를 담고 있다. 할머니의 굽은 등과 초라하게 늙은 어머니를 외면하지 않고 앞서 나서서 일을 도와주는 장성한 아들의 마음 씀씀이가 요즘 젊은 세대들이 가질 수 없는 온기를 지니고 있다.

이렇듯 서묘연 시인의 시선은 늘 낮은 곳으로 혹은 온기가서린 곳으로 향한다. 심성 고운 양반댁 규수 시인으로 자애로운 손길과 오기 품은 눈길을 지녔다 할만 하다. 어릴 적 친구를 회상하거나 재회를 통해 동심을 그리워하는 모습은 때 묻지 않은 순수 세계를 향한 그리움을 표현한다. 일상을 통해 자신의 생각과 느낌을 스스럼없이 드러내고 있는 시인의 태도는 솔직함을 넘어선 아름다운 영혼을 찾아나선 구도자의 모습을 떠올리게도 한다. 이런 마음을 갖게 된 것은 아마도 아버지의 행동거지에서 비롯되었음을 아래 시에서 느낄수가 있다.

가시 달린 외침을 들었다
'왜 공부만 칭찬하나'

자식보다 먼저
신문배달 아이 신발 사주던
아버지 헛기침 속에
봄 햇살 담겨있는 목소리 들려주려는 듯
일등이 아니어도
시린 손 잡아주는 뒷모습 보여주려는 듯

성적 아닌 자신이 좋아하는 것 찾아
빗소리에 귀 열고
선한 몸짓 지닌 꽃봉오리
밀어주는 운동장이
명문이라고 소리 높인다

—「눈부신 층계」 전문

　우리 세태는 공부 잘하는 것에만 칭찬을 하고 착한 행동이나 자신의 고난, 혹은 역경을 이겨낸 일에는 왜 박수쳐 주지 않느냐는 아버지의 가시 돋힌 목소리가 들려온다. 아침 일찍 신문 배달하는 소년의 신발을 자신의 자식보다 먼저 사주던 아버지의 헛기침 속에는 봄 햇살을 들여 주는 힘이 담겨있고 일등이 아니어도 손잡아 주는 뒷모습을 보여주려는 듯하고 공부만 쫓아가지 않고 자신이 좋아하는 것을 찾아 나서는 일이 더 중요하다는 걸 말한다. 그래서 그런 학교는 선한 몸짓을 지닌 꽃봉오리를 밀어주는 운동장을 가진 학교가 명문이라고 소리 높이는 아버지가 자신의 내면에 있음을 발견한다. 성적보다는 인간성을 더 중시하는 아버지 아래 자란 시인은 이웃을 사랑할 줄 알며 모든 동행에 대한 배려심 깊은 시인이 되었다. 그래서 성적보다는 온기가 묻어나는 시 한 편이 더 그리운 것이다. 시인에게서 잘 한 일에 대한 기준을 발견하고 삶에 대한 새로운 인식을 갖게 한다.

택시에 두고 내린 상자
멀리서 온 친구에게 줄 선물이다

"기사분 맛있게 먹으면 되지 뭐"

아쉬움 뒤로 한
송도공원 점심 밥상
바다 내음 섞여 싱싱하다

두리번거리며

어묵 상자 들고 온 택시 기사 밝은 얼굴
사례금 들고 문밖까지 달려가는 친구
따뜻한 눈길 여기저기서 보내온다
온기가 흐르는 식탁
매운탕이 더 뜨겁다
가끔 꺼내 보고 싶은
어제보다 창밖이 밝은 이야기

—「돌아온 선물상자」 전문

친구를 만나기 위해 택시를 타고 약속 장소로 간다. 멀리서 온 친구에게 줄 선물로 어묵을 사서 곱게 포장하여 가져 간다. 친구를 만나려는 조급한 마음에 가져간 선물상자를 그만 택시에 두고 내린다. 흔히 일상에서 일어날 수 있는 에피소드다. 친구를 만나고서야 그 사실을 발견하고 택시기사가 그 물건을 잘 쓰면 좋을 서라고 포기하고 있을 때 약속 장소에 두리번거리며 선물상자를 들고 나타난 택시기사의 밝은 얼굴에 사례금을 들고 뛰쳐나가는 친구의 눈길에서 따뜻함이 느껴진다. 그런 뒤 마주 앉은 식탁에는 온기가 흐르게 되고 매운탕도 더 뜨겁다. 친구 앞에 꺼내 보고 싶은 어제의 이야기 보다 오늘의 이야기가 창밖에서 더 밝게 비추는 일상이 가까운 것이다. 운전기사와 친구 사이에 주고받는 마음이 일상을 벗어난 곳에 머무른다. 그렇게 하기가 쉽지 않은 상황이기에 시가 되고 읽을거리가 된다. 고아원에 배달간 용달차 기사의 눈빛이나 두고 내린 물건을 찾아주는 택시기사의 눈빛이나 모두 아름답고 쉽게 만나지 못하는 일상이다. 이렇게 따뜻한 일상의 모습에서 광명과 행복을 찾아내는 일이 이 시집의 일상으로 자리 잡고 있어 독자들 또한 행복하다. 그런 모습의 작품들로 마을버스 안에서 차비가 모자란 노인을 대신해 버스비를 내주는 이웃의 모습에서 난로를 발견해 낸다든가(「마을 안 난로」), 운동장을 돌며 운동을 할 때 할머니의 보폭에 맞춰 걸음을 옮기던 모습(「느린 걸음에 맞추다」), 구급차에 실려간 할머니가 집으로 돌아오기를 기다리는 마당 강아지풀 이야기(「빈집」), 파지 줍는 할머니 우유값을 건네주는 친구와 함께 걷는 일(「시월 오솔길」), 대문 앞에 이웃들이 와서 앉도록 의자를 내어놓고 그곳에서 정을 나누는 이야기(「간이 정거장」), 재개발로 이웃 간에 나누던 따뜻한 정이 사라진 동네 이야기(「사라진 그림」), 베풀 줄 아는 엄마를 가진 형제들 간의 우애를 그린 작품(「따뜻한 뒷모습」) 산동네 복지관에서 자란 아이의 훌륭한 성장을 노래하거나(「젖은 길을 가다」) 등에서처럼 이웃이 많이 등장하고 친구들이 스스럼없이 찾아 드는 작품들을 쉽게 만날 수 있다.

막내 동생 뒷집 수철이와 말다툼이다
양쪽 누나 두 명씩 등 뒤에 서고
목청 높이며 골목이 들썩인다
아들 꾸지람하며
눈 껌벅이며 돌아서서 웃는 엄마

—「동화 속으로」 부분

  읽는 이로 하여금 절로 미소짓게 하는 이 작품은 우리 모두의 체험인 것이다. 이렇듯 서묘연 시인의 온기 품은 만남은 비단 사람들과의 만남에 국한된 것은 아니다. 그가 만나는 자연과의 관계에서도 부드러움과 온기를 엮어낸다. 시인이 가진 본연의 정서가 그것임을 스스로 보여주는 작품들이다.

봄비 내리는 날
오래 기다렸던 나뭇가지들
연두색 얼굴이 밝다

먼지 쌓인 찻길
골목 안 작은 돌멩이
소리 없이 씻어주며 봄을 알린다

겨우살이에 지친 나무들
봄이 온다고
다시 일어서라며
작은 소리로 흔들어 깨운다

봄비 내리는 날
겨울 떠나는 소리
수평선 너머 그곳엔
너무 멀어 닿지 않을지 모른다

―「**봄비**」 전문

  봄비가 내리는 날은 봄을 오랫동안 기다렸던 나뭇가지들도 밝은 연두색을 띠고 봄비를 맞이한다. 아니 봄비가 나뭇가지를 씻겨 준다. 그 일은 먼지 쌓인 찻길이나 골목길 돌맹이도 마찬가지다. 봄비가 씻어주는 것이다. 겨우살이에 지친 나무들에게 봄이 오고 있다고 다시 일어서라며 작은 소리로 흔들어 깨운다. 봄비가 내리는 날은 겨울이 떠나는 소리가 난다. 봄이 오고 있는 수평선 너머 그곳에는 너무 멀어 닿지는 않지만 봄비가 봄을 가져다주기에 그렇게 실망할 필요는 없다. 봄비는 봄을 가져다주기 위해 존재한다. 이 시의 느낌도 밝고 따뜻하다. 서묘연 시인이 가지고 있는 기본 정서를 남김없이 보여준다. 어떤 사물이든 시인의 사고에 젖었다 나오면 온유해지는 것일까. 시를 읽는 독자들 마음을 부드럽고 따뜻하게 만들어 주는 마법이 통한다. 그런 작품들로
「구름 따라」,「빈집」,「오래된 책」,「겨울나무」,「나팔꽃 사유」,「바다와 함께」,「돌탑」,「작은 물고기」,「책갈피」,「가로등」,「돌감나무」등에서 사물의 본성을 둥글게 뽑아내고 있음을 발견할 수 있다. 사물들은 서묘연 시인에게 평범한 모습으로 다가 오지만 읽혀지는 것은 비범함이다. 사물에 내재된 부드러움과 온기를 찾아내는 일이 시인의 작업이다.

내 눈은 아직
거울 속만큼만 보인다
돌아보지 않고 쌓은 큰 창고
노을 앞에서도 눈 감겨져 있는 그녀

바람 없는 어느 날
시간이 정지된 듯 깊은 눈물은
접어버리지 못하고 맺힌 날들을
흔적 없이 흩어버린다
이젠 흔들리지 않는 눈빛으로
색 버린 강물에 맡겨본다

티끌보다 작은 내가 되면
있는 그대로 볼 수 있을까
모서리 없는 둥근 만남으로
미리 종이에 적어본다

—「둥근 만남」 전문

내 눈에 보이는 것은 거울 속만큼만 보인다. 돌아보지 않고 쌓아놓은 거울 속 사물과 사연들은 거울 속 내 눈은 노을 앞에서도 감겨져 있다. 그래서 바람 없는 날 시간이 정지된 듯 깊이 밴 눈물은 접어버리지 못하고 맺힌 날들을 흔적없이 흩어 버린다. 그리고 이제는 흔들리지 않는 눈빛으로 색을 버린 강물에 맡겨본다. 색을 버린 강물은 어떠한 의미를 담아내지 않고 흘러가는 세월을 의미하는 것으로 읽힌다. 세상을 보는 눈이 성숙되고 정화된 모습임을 드러낸다고 본다. 그렇게 의미의 태를 벗어놓고 나면 나는 티끌보다 작은 것임을 느끼고 사물이나 사연을 있는 그대로 볼 수 있기를 갈망한다. 그렇게 볼 수 있어야 둥근 만남이 이뤄질 수 있다. 그 다짐으로 시를 적는다는 의미다. 이 시집 전체를 아우르는 아젠다라고 보면 된다.

시인이 만나는 모든 사물들이나 일상은 둥근 모습을 지닌다. 모난 것들도 둥글게 빚어내는 마법을 지녔다.

서묘연 시인의 자기성찰이 담긴 시작 태도를 보여주는 작품이 아닐 수 없다.

  이젠 길섶에 앉은 민들레
  노란 향기 그릇에 담고 싶어
  물음표를 단다
  성긴 나뭇가지 사이로
  초록 잎새 한 가닥 내어본다

—「종이비행기」 후반부

  서묘연 시인의 시작 태도를 보여주는 작품의 뒷부분이다. 스스로를 길섶에 나앉은 민들레로 비유한다. 노란 향기를 자신의 그릇 속에 담고 싶어 시인은 물음표를 단다. 시인은 끊임없이 물음표를 다는 것으로 세상을 이해하려고 한다. 시인은 그래야만 한다는듯이 그런 태도를 지니고 쓴 시는 성근 나뭇가지 사이로 초록 잎새 한 가닥 같은 시를 내어 보낸다고 겸손해 한다. 이런 겸손함이 발견한 부드러움과 따뜻함이 서묘연 시인의 둥근 작품 세계인 것이다. 첫시집 상재를 축하드린다.